AF220838

Herstellung und Verlag
BoD – Books on Demand, Norderstedt
ISBN 9783753403564

Bibliografische Information der Deutschen Nationalbibliothek:
Die Deutsche Nationalbibliothek verzeichnet diese Publikation
in der Deutschen Nationalbibliografie;
detaillierte bibliografische Daten sind im Internet über
http://dnb.dnb.de abrufbar

Künstlerische Gesamtgestaltung und Cover
Stefan Reich

Kontakt zum Autor für Vortrags- u. Leseanfragen
hr.reich@web.de

Werk beendet am 12.02.21

©.2021 Stefan Reich

SEELENWERKE
von Stefan Reich

Einleitung

Es ist den Seelen an der Zeit -
drum lies bedacht dies Buch soweit
und kommen Tränen wie ein Bach,
dann ist's dein Seelentrost – drum lach!

Licht des Lebens

Es geht der Mensch und kommt ins Licht,
doch sieht auf Erden hier oft nicht,
die Dunkelheit in weiten Teilen,
bis ihn sein Schicksal tut ereilen.

Dann tritt er in das Dunkel ein
und dann erst folgt ein Licht, das rein.
Vom Glanze strahlt und ihn reinzieht,
bis er vergeht, ins Licht entflieht.

Die Dunkelheit ist immer da,
doch ist's dem Menschen wenig klar,
er glaubt, nur in der Nacht allein,
da müsst' es immer Dunkel sein.

Doch ist das Licht von jedem Leben,
die Lampe, welche strahlt dagegen
und hält die Dunkelheit zurück,
das ist des Lebens wahres Glück.

Teilchen

Das Leben steht in festen Bahnen,
doch können wir es gar nicht ahnen,
dass alles nur aus Teilchen ist,
so wie ein Wunder es nur misst.

Und nie ein Teilchen geht verloren,
nicht durch den Tod, wenn wir geboren,
weil alles geht und kommt ins Licht,
so wie die Hoffnung, die nie bricht.

Weil unser Leib und uns're Seele,
sich immer teilen mit Befehle,
entsteh'n wir neu und ewig wieder
und tragen immer ein Gefieder.

Denn alle Teilchen sind der Raum,
die sich zersetzen und verdau'n
um dann auf's Neue selbst zu werden,
was sie hier waren stets auf Erden.

Ahnenkette

Es heult der Wind und zieht sein Kleid,
die Ahnen sind von uns nie weit,
vom Tode nie von uns entzweit,
das was sie waren, kennt nicht Zeit.

Verlassen ist in uns ihr Bild,
doch überall den Ahnen gilt,
sie sind in allen Wesen hier,
in Bäumen, Sachen und im Tier.

Es raschelt die Natur und mahnt,
sie wollen den Kontakt der warnt,
dass wir hier ohne sie nie wären,
wir sollten diese Botschaft ehren.

Weil nur als Kette, als ein Glied,
das große Lebensrad man sieht,
weil sie aus ihrem Totenreich
uns flüstern und umschmeicheln weich
und hauchen jede Nacht ihr Lied,
dass jeder Traum sie wiedersieht
und jeder Tag als Ahnenkette,
uns neu erformt zur Lebensstätte.

Es heult der Wind und zieht sein Kleid,
wir sind vom Tode nie sehr weit,
vom Ursprung sind wir noch entzweit,
das was wir sind, kennt keine Zeit.

Sie sind es, die uns hier verlassen,
doch sollten wir den Tod nicht hassen
und sollten nicht mit Wut uns füllen,
sie ließen hier nur ihre Hüllen.

Es kommt der Todestag von jedem,
dann werden wir als Sternbild reden,
dann sind wir Asche und sind Ahnen,
die unsere Enkel auch ermahnen.

Die Lücke

Die Lücke, die wir hinterlassen,
sie füllt uns aus mit ihren Massen
und da wir weg sind und auch bleiben,
tu' ich die Lücke einmal schreiben.

Abschied auf Raten

Jede Stunde - eine Sekunde,
jedes Leben endet im Grunde,
Wolken ziehen und sind verschwunden -
so ist es überwunden.

Jahre vergehen - Gedanken verwehen,
alles von dem, was wir gesehen,
was es auch war, was uns geschehen -
es hilft kein Flehen.

Abschied auf Raten - sterben und warten,
Monatsbeschwerden in allen Arten,
endlich auf Dauer ist unser Atem -
so ist das Leben geraten.

Abschied

Abschied ist ein fieses Wort,
weil es heißt - es endet.
Doch wir gehen einfach fort,
sind wie abgeblendet.
Kehren wieder, bleiben dort,
meist ist es für immer,
sind an einem and'rem Ort,
Abschied ist so schlimmer.

Trost spenden

Ein liebes Wort sag' mir am Morgen,
denn wenn du gehst, bin ich geborgen
und auch am Abend lieb zur Nacht,
weil wisse immer mit Bedacht,
dass jede Trennung tot kann enden,
dein letztes Wort kann Trost mir spenden.

Todesschwelle

Der Tod, er steht an einer Stelle,
an seiner und an deiner Schwelle,
er ist zwar tot und du am Leben,
doch beide Reiche sind am Weben,
weil wenn er kommt, wird er dich heben
und nimmt dich mit von deinem Leben.

Du kannst ihn fühlen wenn er nah',
in deinen Augen, Mund und Haar.
Sieh', er ist wirklich, er ist wahr,
es endet nun dein letztes Jahr
und deine Furcht, das ist wohl klar,
sie wird nun körperlich ganz starr.

Am Ende des Tunnels

Am Ende des Tunnels da kommt
ein ganz neuer Horizont,
doch sehen ihn, wenn nur, die Toten,
für uns ist ein Blick verboten.

Dem Tunnel sind alle gefolgt,
die tot war'n, egal ob gewollt,
auch wir werden in ihn gesogen,
wenn wir streben ungelogen.

Der Tunnel ist eine Gewalt,
mit unserer Löschung halt,
denn alles was Leben gewesen,
das endet fatal dort im Wesen.

Den Löffel abgeben

Am Ende vom Leben
den Löffel abgegeben,
kein Glas mehr zu heben,
das ist Sterben eben.

Und doch noch ein Schluck
vom Atem, hauruck,
als Letztes zu nehmen
ist wahrlich ein Segen.

Nahtoderfahrung

Tod für kurze Zeit,
Flügel die uns heben,
gehen wir schon weit,
weil wir ja schon schweben.
Und die Schwärze naht,
sehen und auch hören,
weil man uns wegkarrt,
lieblich Klang in Chören.
Um uns ist die Ruhe,
nichts vom Weltenleid,
und auch kein Getue,
nichts was stört soweit.
So entfesselt schwebend
sehen wir ein Licht,
alles ist erhebend,
weil es endet nicht.
In das Licht nun gehend
folgen wir dem Drang,
lachend und auch sehend,
endlos wie ein Zwang.
Doch es zieht ein Anker
uns zurück vom Licht,
weil wir sind nicht kranker,
haben noch die Pflicht.
Und die Augen heben
sich doch noch einmal,
blinzeln und auch beben
nun zum zweiten Mal.

Reanimation

Herz und Lunge sind im Schock,
weil ein Stillstand, wie ein Pflock,
keinen Rhythmus mehr ergeben,
scheinbar endet nun ihr Leben.

Doch reanimiert zu werden
holt ein' dann zurück auf Erden,
und das Ganze setzt sich fort,
weil man Strom ins Herz reinbohrt.

Und am Ende so geschafft
lebt man weiter mit der Kraft,
durch die Technik und ein Wunder,
läuft das Herz nun wieder runder.

Seelenzeugung

Aus Staub der Ewigkeit
und einem Licht das weit,
so sind wir Seelenheit
gezeugt und nun bereit,
und werden kommen da zu sein,
erst klein, doch einfach nie allein.

Es ist der Funke, der uns bringt
und der mit jedem Stern noch singt,
wenn auch schon alles ist vollbracht,
so endet nie die Zeugungsschlacht.
So zieht das Licht - die Bahn
und geht mit uns als Charme,
und bleibt in uns für immer treu,
doch ist der Anfang dabei scheu.
Doch bis zum allerletzten Tag,
wenn uns're Seele aufgebahrt,
sie immer neu und ewig ruht,
das was die Zeugung immer tut.

Seelenwerke

Als Seele ist dies Nichts benannt
und liegt so wie ein loses Band,
im Schöpfungsfluss und trudelt 'rum
und sucht Materie sich zum Sprung,
damit es sich mit dieser bindet,
sein Wirkungsfeld für sich erfindet.

Verdreht sich dann zu einer Welle,
zu einer oder anderen Stelle
und wandert und kriegt manche Delle,
durch Schocks oder durch andere Fälle,
drum sind so viele Seelen hin
und jede sucht sich einen Sinn.

Doch jede Suche und Aktion,
sie fordert Energie als Lohn
und im Aufbau der Seelenwerke,
da merkt die Seele ihre Stärke,
und sammelt so Erfahrungswerte
so wird sie langsam ein Experte.

Seelennächte

Die Reife unbekannter Nächte
sie ziehen mit sich nur stilechte -
der Seelensterne mit sich fort -
an einen - weitentferten Ort.

Und Dunkelheit heilt allen Schmerz -
von vorne und rückwärts -
und was geschehen ist, ist fort -
an einen - weitentferten Ort.

Nichts spricht und formt ein Wort,
egal wie tief der Schmerz sich bohrt
und diese Stille ist ein Hort -
an einen - weitentferten Ort.

Wenn nur die unbekannten Nächte
die Seelen uns bald wiederbrächte',
so wären unse're Seelen wieder dort -
und wir – an einem - weitentferten Ort.

Seelenmelodie

Jede Melodie – sei dir stets ein Funke,
die dich zieht – eintunke -
und genieße ihren Leib,
so wie jede Note, Zeit.

Denn dein Seelenheil -
ist der Klänge Liebesteil
und wird nie verenden -
liegt in deinen Händen.

Und der Mächte Schwingungssein,
geht in deine Seele rein
und zieht durch die Nächte -
weil wir sind – Geflechte.

Jede Harmonie als Kleid -
weil der Anfang ihrer Zeit,
bringt dir Stimmungswesen -
Melodie zum Lesen.

Am Leben

Alles war am Leben, oder ist es noch,
doch oft fällt das Leben in ein schwarzes Loch
und dort wird's gehalten fest und auch mit Halt,
doch nicht jeder Mensch wird auch richtig alt.

Du musst drum erkennen, bist Du schon am Leben,
oder ist Dein Leben nur ein and'res Wesen,
weil Dein Leben wirklich lebt nur allein für Dich,
doch manch' böses Wesen macht Dir durch ein' Strich.

Halt mit Deiner Seele fest, was du auch erlebst
und mit den Gedanken, das was Du Dir webst,
alles zählt – bedeutet - jeder Augenblick,
mag er trostlos scheinen, wirkt er auch nicht schick.

Die letzte Nacht

Was bleibt am Ende dir vom Leben?
Erinnerung'n sind dir gegeben,
Erfahrung ist bereits gemacht,
sei's auch für dich die letzte Nacht.

Die Blüte deiner Zeit

Immer weiter gehen
und sich niemals drehen.
Schritt für Schritt
Vergangenes vergeht -
wie sich auch das Ende neigt -
es verleibt.

Die Blüte deiner Zeit
ist kurz und reist nicht weit,
drum so solltest du bedenken,
was du dem Leben kannst noch schenken.

Ins Gras beißen

Es beißen manche ins Gras,
das ist bekanntlich kein Spaß,
doch treffen wird dieses wohl jeden,
drum sollten wir hierüber reden.

Das Gras ist als Sorte drum gleich,
es geht nur um Tod dabei seicht,
drum essen wir lieber Salat,
doch hat's uns den Tod nicht erspart.

Dann stirb!

Hass und Wünsche sind im Fluche
nur die Schwäche auf der Suche,
wer dem and'ren wünscht den Tod,
diesen mit dem Mund androht,
ist nicht ganz bei Seelentrost,
weil der and're Mensch erbost.

„Ja, dann Stirb", ist schnell gesagt,
weil der Geist ist auf der Jagd
und der and're, der ist sauer,
weil der Spruch kam schnell mit Power,
drum bedenk' als reife Seele,
jedes Wort aus deiner Kehle.

Erdengast

Du bist und bleibst nur Gast,
auf dieser einen Erde,
drum schau' hin ohne Hast,
sei achtsam was du werde.
Erst wenn du sie verlassen,
erkennst du dann verschwommen
dein Dasein tat's verpassen,
warst nur als Gast gekommen.

Exitus

Beim Exitus ist alles Schluss,
es gibt vom Tod den letzten Kuss.
Der Exitus, er dreht den Dimmer,
der Lebenskraft ganz aus, für immer.

So liegen wir Tod auf der Bahre,
als Leiche nur in uns'rer Starre
und nicht ein kleines Lebenszeichen,
tut uns'rem Körper noch entweichen.

So Ex und hopp ist unser Ende,
das was hier liegt erscheint uns Fremde,
doch war es uns're Körperpracht,
die nun verlor' die letzte Schlacht.

Du sollst nicht weinen

Du sollst nicht weinen - bitte nicht,
nicht eine Träne - im Gesicht,
denk' nur ans Lachen, das ich gab,
nun stehst du hier an meinem Grab
und trotzdem bitt' ich dich darum,
sieh' mein Gesicht - es lächelt stumm.

Abschiedslos

Es gab zum Abschied keine Zeit,
ich war und du noch nicht bereit,
wir fanden nie den Endmoment,
drum ist es, was uns beide trennt,
ein Wort der Hoffnung und Verlust,
ein Abschiedsschmerz in meiner Brust.

So vieles wollt' ich dir noch sagen,
mein' Dank dir spenden, manches Fragen,
doch du bist fort von uns gegangen
und ich im Seelenleid gefangen
und kann nicht ändern was ich sollte,
nur weil dein Tod es anders wollte.

Seelenherz

Ein Seelenherz ging von der Welt,
was uns doch gar nicht so gefällt,
sein Wert wird uns erst jetzt bewusst,
es ist für uns ein Großverlust.

Viel Liebe gab das Seelenherz,
jetzt fährt es Richtung Himmelwärts
und schaut auf uns von dort herab,
und denkt an uns auch nicht zu knapp.

Tausend Tode

Wir sterben tausend Tode
am Tag und in der Nacht,
doch Tod scheint aus der Mode,
wird selten noch bedacht.

Weil Tode führ'n zu Schlüssen,
dass in uns Zellen sterben,
das wir meist leiden müssen,
Prozesse sich verbergen.

Weil jede neue Zelle
die Alte nicht mehr braucht,
gibt es die Todeswelle,
ihr Leben so aushaucht.

Und würden wir erkennen,
dass Tod in uns auch wirkt,
dann würden wir ihn kennen,
was er für uns bewirkt.

Der Sinn vom Tod

Der Sinn vom Leben ist sein Tod,
der Sinn vom Tod, das ist das Leben,
so bleibt der Ausgleich stets im Lot,
wir sollten nicht am Leben kleben.

Doch als Genuss das Leben preisen,
das ist es was uns immer bleibt,
mit allen Freuden, allen Speisen,
die Angst vorm Tod uns so vertreibt.

Mein Seelenglück

Mein Seelenglück bei dir gefunden,
war ich so gern' mit dir verbunden,
ist mir's so warm und gut gegangen,
du hast mich freudig schön empfangen.

Du warst mein Schatz und wirst es bleiben,
bist du auch fort im Erdentreiben,
so lang ich selbst auf's Ende warte
denk ich an dich du seelenzarte.

Der kleine Bruder vom Tod

Der Schlaf, es ist vom Tod sein Bruder,
denn wenn wir morgens werden wach,
zum Glück reißt immer noch sein Ruder
herum - und wir erwachen danach schwach.

Der Schlaf kann daher ewig dauern
und wie der Tod uns nehmen mit,
weil jene Kraft, sie ist am Lauern,
wenn wir erwachen ist's ein Schnitt.

So üben wir mit jedem Schlafe,
den Tod im Vorfeld immer schon,
doch ist der Schlaf niemals 'ne Strafe,
er schenkt uns Kraft und neuen Strom.

Suizid

Es fragt die Trauer hinter her,
doch diese Frage ist nicht fair,
warum starb dieser Mensch denn nur,
weil jeder Selbstmord bleibt Zensur.

Und alle Tränen, alles Leid,
egal wie gut sei dein Geleit,
von treuen Menschen, die dich halten,
kann' deine Trauer nicht erkalten.

Ein Suizid ist mehr als Mord,
als jede Geste, jedes Wort,
das uns als Hinterblieb´nen narrt,
weil es für ewig in uns harrt.

Wir sehen die Momente wieder,
und in uns steigt als Trauer Fieber
und nie mehr wird die Hand gereicht,
die zärtlich den Moment noch streicht.

So müssen wir in Trauer knie'n,
weil jeder Tag war nur gelieh'n,
mit dem, der uns verlassen hat,
sein Leben fiel so wie ein Blatt.

Doch immer in Erinnerung
bleibt dieser Mensch für immer jung,
in unser'm Herzen eingebrannt,
verbunden durch sein Menschenband.

Erst als ich starb

Erst als ich starb, da schrieb ich gut,
erst als ich fort war, kam mir Mut,
all' jene Dinge mitzuteilen,
dem Leben alles gut zu heilen,
was mir verwehrt zu Lebenszeiten,
erst jetzt erkannte ich die Seiten,
da Tod als solches nie von Dauer,
nur trennt uns Leben durch die Mauer.

So bin ich hier und bin verbunden,
mit allem und brauch' keine Stunden,
und Zeit ist hier nicht mehr von Wert,
denn tot zu sein ist nicht verkehrt.
Die Angst zu sterben ist zum Lachen,
doch trauern wir um Wert und Sachen,
die nie uns je den Sinn erbrachten,
uns jemals so lebendig machten,
wie tot zu sein und frei im Geiste,
weil uns're Energie vereiste.

Doch kehren alle auch zurück,
doch fehlt den meisten dann das Glück,
das Wissen ihrer Ahnenwesen,
nochmals in sich so rein zu lesen.
Denn wieder dann zum Leben kehren,
heißt sich, zu lösen und zu wehren,
die tote Seite zu verlassen
und sich dem Wachstum anzupassen.

Sterben

Der Vorgang ist im Ganzen leicht,
doch wenn die Antwort uns erreicht,
dass dieser simple Grundvorgang,
von seiner Art, mal kurz, mal lang,
uns selber trifft und uns beendet,
sich unser Denken dabei wendet.

Weil selbst betroffen sterben heißt
und nicht wie man so liest zu meist,
sich anders fühlt in dem Moment,
wo man den Tod persönlich kennt.

Nicht überlebt

Wer tot ist, hat nicht überlebt,
der Tod ist mit ihm fort geschwebt,
auf einer Wolke, welche zieht,
die niemand wieder jemals sieht.

So bleibt ein Nichts von ihm hier über,
er nahm sich mit und völlig rüber,
entschwebte so den Lebensläufen,
die Toten tun sich dort schon häufen.

Einmal gelebt

Einmal gelebt und dagewesen,
was uns verbleibt, es war'n nur Spesen,
was wir uns wagten, was wir auch taten,
doch meistens war'n wir am Warten.

Spannung war drin' und auch ein Sinn,
Hoffnung und Freud' und auch Gewinn,
aber auch Leid und auch der Schmerz,
Leben es ging, meist nur vorwärts.

Einmal gelebt, nun tat es enden,
erst unser Tod, tat uns versenden,
auf eine Reise ins Totenreich
ohne zurück, ohne Ausgleich.

Das Todeswerk

Der Tod, hat er sein Werk vollbracht,
wenn wir uns nicht erinnern können,
drum ist das, was uns tot so macht,
Erinnerungen, die wir missgönnen.

Erst wenn, das was ein Mensch uns gab,
nicht mehr Gedanken in uns regt,
so liegt er tod nur noch im Grab,
er hat im Leben nichts bewegt.

Der berühmte Tod

Der Tod zeigt unverblümt
das Ende alle Dinge,
drum ist er sehr berühmt,
weil jeder mit ihm ginge.

Wenn er dich holt zu sich,
dann hat er gute Gründe,
drum ihm nicht widersprich,
weil er kennt jede Sünde.

Der Tod, er kommt perfekt,
das siehst du erst am Ende,
drum zoll' ihm den Respekt,
er knüpft den Toten Hemde.

Und bist du auch geknickt,
dein Leben tät' nicht reichen,
so bist du falsch gestrickt,
der Tod löscht alle Zeichen.

Mein verlorener Bruder

Ich denk' an das, was uns verband,
du warst bei mir als Bruderpfand,
wir hatten Spaß und auch Momente,
das, was mal war dein Tod nicht trennte.

Du bist so lange weg von mir,
doch mein Gedanke ist bei dir
und meine Tränen sind geronnen,
ich lebe weiter wie begonnen.

Zum letzten Mal

Gib mir die Hand zum letzten Mal
wir haben keine and're Wahl,
dein Sterben dauert nicht mehr lang,
ich weiß, du spürst bereits den Drang
und siehst Gestalten, Engelwesen,
ich kann's in deinen Augen lesen.

Gib mir den Kuss zum letzten Mal,
wir haben keine and're Wahl,
nur kurz ist noch dein Erdenleben
und Treue sollten wir uns geben,
und schwören auf ein Wiedersehen
so können wir den Tod verstehen.

Wiedersehen

Ob wir uns mal wiedersehen,
wird der Tod uns zeigen.
Ob wir dort zusammengehen,
es wär' ein schöner Reigen.
Doch bleibt dies so ungewiss,
weil es niemand weiß,
denn der Tod gleicht einem Riss,
so schließt sich der Kreis.
Doch ein Treffen wäre dort,
einfach wunderschön,
nur die Antwort sie bleibt fort,
oben in den Höh'n.

Ein Seelenkorn

Ein Seelenkorn schwebt in der Luft,
drum ist es draußen ganz verpufft,
jetzt ist es fort in aller Stille,
sein Abschied war sein letzter Wille.

Und scheinbar nichts bleibt uns erhalten,
doch können wir die Hände falten,
denn immer Sein bleibt am Gestalten,
nur nicht im hier in andr'en Weiten.

Bis das der Tod uns scheidet

Es scheidet jeder Tod
das Leben und die Liebe,
dann hat die Liebe Not,
wo sie allein' nur bliebe.

Doch bleibt die Liebe dort,
wo sie zuvor gehalten,
so geht sie auch nicht fort,
wird niemals ganz erkalten.

Der Tod, er scheidet nur
die Liebe, die vergänglich
und ist dann die Tortur,
als Schmerz dabei empfänglich.

So ist der Tod nur da,
um alles zu beenden,
was vorher endlich war,
er tut es nur vollenden.

Aus dem Leben gerissen

Zu früh aus dem Leben gerissen,
wir konnten es vorher nicht wissen,
der Tod war so mächtig und schnell,
er kam wie ein rauer Gesell.

Er nahm dir dein einziges Leben,
das können wir schwer nur vergeben,
wir hadern mit uns und dem Tod,
dein Sterben, es bringt uns in Not.

Zu schnell und leider vergangen,
wir alle an dir immer hangen,
doch bleiben wir dir gerne treu
und sagen zum Abschied Ahoi.

Nach Nirgendwo

Es fährt ein Boot nach Nirgendwo
und steigst du zu, dein Geist entfloh,
es kommt nie wieder mehr an Land,
weil es nach Nirgendwo entsandt.

Wer diese Reise dort antritt,
den nimmt sein Ende darum mit
und ist verloren uns'rer Welt,
weil seine Rückkehr ganz entfällt.

Das Fenster zu dir

Das Fenster zu dir,
das ist nicht offen,
doch tief in mir,
ich will noch hoffen.
Weil du bist drüben
und ich bin hier -
ich muss noch üben,
komm' bald zu dir.

Doch nur ein Blick
durch jene Scheibe,
das wär' mein Trick,
schau' deine Bleibe.
Doch Tod ist Tod
und so verschwommen
und meine Not
mir nicht genommen.

Transformation

Im Sinnbild und im Wandel,
da steckt der Wunsch, ein Handel
und alle Wesen, die vergehen,
sie bleiben in sich niemals stehen.

So transformiert die Seele nicht
und doch so magisch im Gesicht
erscheint sie neu und anders wieder
und es erklingen neue Lieder.

Verdreht von allen Wellenzügen,
tut uns die Antwort scheinbar lügen,
und doch ein Wandel im Austausch
erbringt uns daher einen Rausch.

Weil alles Alte neu gestaltet,
von Innen raus sich neu entfaltet,
erst dann ist Zauberei vollbracht
und wir sind erst im Kern erdacht.

Verwesung

Des Leibes Leib ist uns're Hülle,
wir leben durch sie Schein und Fülle
und auch Verzicht und Bitternis,
und manchen schlimmen Seelenriss.

Wir können so niemals erahnen,
was uns zuvor ist widerfahren,
was uns auch in uns selber teilte,
weil es in uns so nie verheilte.

So ist im Leib der Geist gefangen,
er möchte raus und ist am Bangen
und auch die Seele ist dabei,
im Leib ist beides niemals frei.

Ist erst der Leib in sich verfallen,
so ist er nichts von sich, von Allem,
verwest und nur als Knochenreste,
erst dann vergehen die Arreste.

Vergänglichkeit

Vergänglichkeit ist vorbestimmt,
so scheint das Leben uns zerrinnt,
doch Leben ist als Zeitangabe
nur Rhythmus und vom Mensch Gehabe.

Im Spiegelbild erkennt man Falten
und meint es wären nur die Alten,
die diese tragen im Gesicht,
doch sind sie einfach Schöpfung schlicht.

Und wie vergänglich jemand war,
das wird nach seinem Tod erst klar,
wenn er vom Wesen etwas lies,
so war er menschlich meist nicht fies.

Unsterblichkeit

Wie bleibt ein Mensch unsterblich?
Ist das vielleicht auch erblich?
Oder nur Wunschgedanke
von einem der schon kranke,
liegt auf dem Totenbett -
Unsterblichkeit wär' nett!

Nicht wer sich fühlt nur so,
nein, wer vom Status quo
auch Kinder hat gezeugt,
vergessen so vorbeugt,
ja, der ist schon unsterblich -
das Ganze **ist** vererblich!

Leichenschmaus

Der Leichenschmaus ist immer lecker,
auch wenn der Mensch ging auf den Wecker,
drum alle auf den Nachtisch lauern,
weil er ja tot ist, zum Bedauern.

Unsterbliche Seelen?

Seele, Seele, kannst du sterben,
muss ich um dein Leben werben?
Sag mir, ob du ewig lebst,
dich so immer hoch erhebst,
und wenn du aus mir gegangen,
doch niemals bist ganz vergangen.

Nun, die Antwort tut mich quälen,
weil es sterben auch die Seelen,
doch ob meine ist betroffen,
das lässt sie noch immer offen,
und so bin ich drum in Panik,
wegen meiner Mensch-Organik.

Unauslöschlich

Gelöscht ist niemand von dem Tod,
doch was bleibt schon von einem über,
drum gilt zu wissen das Gebot,
wir retten uns're Spuren rüber.
Nicht nur ins Totenreich,
es bleiben hier auch viele Reste,
doch bleibt dies meistens gleich,
wir waren sowieso nur Gäste.

Die Spurensuche zeigt,
es gibt von jedem Lebenszeichen,
auch wenn der Tod nur schweigt,
so kann man uns doch niemals streichen.
Denn wenn man nach uns sucht,
so findet man auch Augenzeugen,
hab'n uns vielleicht verflucht,
vor uns'rem Ende nie verbeugen.

Erinnerungen

Es sind verschlossene seine Lider,
wir schauen, denken an ihn wieder
und sehen ihn mit off'nen Augen,
in uns'ren träumen, uns'ren Glauben.

Er starb für sich und seine Seele,
der Tod, er gab ihm die Befehle,
so dass er gehen musste schnell,
sein Sterben war nicht originell.

Doch jeder Tod hat seine Stunde
und ist verbunden mit der Wunde,
die ihm sein Leben kürzen tat,
dass er liegt schon in einem Sarg.

Wenn nur ein Funke Hoffnung blieb,
doch ganz egal, er bleibt uns lieb,
dass er nur noch wär' einmal da,
das wär' für uns so wunderbar.

Ewigkeit

Ewigkeit als Wunsch erfahren,
ehrlich, das kannst du dir sparen,
selbst der Klügste aller Köpfe
fand nicht jenen dieser Knöpfe,
der ihm dieses Glück bescherte,
weil die Zeit ihm dies verwehrte.

Selbst mit aller größten Macht
ist nicht Ewigkeit vollbracht,
und auch technikvoller Glanz
bringt nicht ansatzweise ganz,
was der Mensch in Hoffnung will,
wenn er tot ist, ist er still.

Was bleibt ist Staub

Was bleibt ist Staub
von uns'rem Leben,
vermischt mit Laub,
man kann es Fegen.

Das ist der Rest
von uns'rem Sein,
es bleibt nichts fest,
das ist gemein.

Und doch, was war,
hat seinen Sinn,
es klingt bizarr
und scheint Irrsinn.

Doch was einsteht
lässt seine Spuren,
bevor's vergeht,
entsteh'n Kulturen.

Als Lebenswerk
bleibt was erschaffen,
wie mancher Berg,
wir tun drauf gaffen.

Erlösung

Die Hoffnung stirbt zuletzt,
egal wie stark verletzt
ein Mensch noch bis zum Schluss
so einfach glauben muss,
dass bis zu seinem Ende,
sich göttlich Rettung fände.

Doch alle große Not,
sie mündet in dem Tod,
und die Erlösung bleibt
und endet mit dem Leib,
den wir hier hinterlassen,
das muss der Mensch erfassen.

Ewiges Leben

Das Leben dauert ewig an,
so denkt ein Dummer wie er kann
und glaubt dem Zauber, der Magie,
doch ewig war es hier noch nie.
Ein Weiser lächelt still, er weiß,
es gibt für's Leben kein Beweis,
so kann, was Leben für uns meint,
nur ewig sein – im Tod vereint.

Entbehrlich

Entbehrlich ist ein jeder wohl,
drum sein'n wir bitte ehrlich,
wer anders denkt, der ist nur hohl,
sein Wunsch, er bleibt entbehrlich.

Weil, was macht uns denn gerade aus,
die Schönheit, der Charakter?
Wir sind mal groß, mal sind wir kraus,
mal seh'n wir aus abstrakter.

Und wenn wir sterben, kräht kein Hahn,
auch wenn wir waren herzlich,
man tauscht uns aus, ganz ohne Charme,
das bleibt für uns sehr schmerzlich.

Schöpferseelen

Wir alle kamen hier zusammen,
weil wir von einem Schöpfer stammen,
um selbst als Seele zu gestalten
und nicht vor Furcht den Mund zu halten.

So ist uns dies nun nicht mehr klar,
weil in der großen Seelenschar,
wir alle waren groß vereint
und haben daher nicht geweint.

Doch nun geboren, auferstanden,
wir uns allein nun wiederfanden,
so einsam klein in dieser Welt,
aus einem Ei heraus gepellt.

Verstanden haben wir drum nicht,
zu kehren zu dem einen Licht,
dass uns vereint und schöpfen lässt,
drum halten wir es nicht mehr fest.

So müssen wir von neuem lernen,
uns nicht von diesen zu entfernen,
das Licht ist uns're Schöpferkraft,
die uns als Seele rein erschafft.

Ins Paradies kommen

Wir kommen in das Paradies,
den Garten voller Träume,
weil unsere Seele es verließ,
sein Leben, seine Räume.

Wir werden da so glücklich sein
und Vöglein für uns singen,
dort sind wie nie mehr so allein
und Gutes wird erklingen.

Die Früchte werden uns ernähren,
wir werden dort in Ehren
für alle Zeit und Ewigkeiten
nur Schönes uns bereiten.

Und nie mehr werden wir vertrieben,
weil wir mit Vorsicht lieben,
aus diesem Paradies heraus
mit göttlichem Applaus.

Die Seele und der Leib

Die Seele und der Leib,
die suchen Zeitvertreib,
so suchen sie sich Themen,
und manche sind zum Schämen,
um gut sich zu verbinden,
sich selbst zu überwinden.

Doch alle Fleischeslust,
dass sei uns auch bewusst,
bringt selten eine Heilung,
der Seelen-Leibverteilung
und führt zu manchen Sorgen,
im Spannungstief von Morgen.

Balance zu erreichen,
als Glück dies einzustreichen,
braucht alle Kraftanstrengung
und Freude in Beengung,
durch nicht zu viele Reize,
dass Seelenheil sich spreize.

Die reinste Seele

Die reinste aller Seelen ist,
die Antwort hab' ich sehr vermisst,
ein Seelchen, welches zart und klein,
verlassen wächst für sich allein.

Wo steht denn bloß das Seelchen 'rum,
es ist so rein, es ist so stumm
und kann vom Weltenschmerz nichts wissen,
daher auch diesen nicht vermissen.

Erst wenn es geht heraus ins Weite
und findet eine neue Seite,
vom Leben mit den and'ren draußen,
erst dann vergeht sein reinstes Außen.

Doch drinnen ist und bleibt es rein,
weil alles and're wär gemein,
so bleibt die Hoffnung aller Seelen,
dass Böse könnt kein Innen stehlen.

Königliche Seelen

Der Unterschied entscheidet
nur nicht im Seelenland,
doch Reichtum wird beneidet
und manches Seelenamt.

So gibt es Königsseelen,
die sich heraus selbst schälen
und mächtig sind vom Stande,
dies ist noch keine Schande.

Doch wichtig sind sie nicht,
das Seelenland hält dicht
und schätzt stets alle ihrer,
es gibt dort nie Verlierer.

Doch hat ein König Seele,
so sag ich's und erzähle,
dann hat er die Gewalt,
nun hab ihr es geschnallt.

Seelenspiegel

Die Seele selber spiegeln,
das ist es was verboten,
weil tut man sie entriegeln,
so sehen wir die Toten.

Als Mahnung sei gesagt,
die Seele ist vollkommen,
doch weil manch' Frage nagt
in uns, seh'n wir verschwommen.

Der Seelenspiegel spielt
und zeigt nur eine Seite,
mit seinem Bild er zielt,
die Seele so entzweite.

Doch zeigt der Spiegel nicht,
was in der Seele weinte,
weil er nur dem entspricht,
was er mit sich vereinte.

Seelenstiche

Seelenstiche sind sehr tief,
weil manch' Seele ist naiv.
Mit dem Glauben an das Gute,
sieht manch' Seele nicht die Route,
welche ihr wurd' vorgestrickt,
daher sie das Böse kriegt.

Seelen sind daher in Trauer,
werden daher später schlauer
und zu allem Überdruss,
ist mit vielen früher Schluss,
weil sie dieses nicht ertragen,
aber auch nicht etwas sagen.

Und gäbe ich mein Leben her

Und gäbe ich mein Leben her,
dann müsste es so sein,
für die Familie und viel mehr,
so sagte ich nicht nein.

Für das, was ich dir geben kann,
dein Leben noch zu retten,
so gäbe ich dir meins so dann,
du kannst auf meines wetten.

Mein Leben schenke ich für dich
als letzte milde Gabe,
so nimm nun meins und es zerbrich,
trag mich danach zu Grabe.

Zur Ruhe legen

Nach einem langen Lebensabend
nun endlich sich zur Ruhe legend,
das ist für Alte sehr erlabend,
weil alles was getan, war gebend.

Nicht mehr den Trott der Bürde heben
und sich den Lasten hinzugeben,
nein, endlich Ruhe zu erleben,
das ist der Wunsch am Ende eben.

Um endlich in den Schlaf zu fallen,
der Ewigkeit dem Mensch verheißt
und nicht durch Stress von immer allem,
dass dies ihn aus dem Leben reißt.

Nach Hause gehen

Ein ganzes Leben lang
da gehen wir nach Hause,
in uns bleibt stets der Zwang,
dort ist ein Heim der Pause.

Doch wenn der Abschied naht,
so sind wir meist in Trauer,
es trifft uns seelenhart,
der Heimweg ist auf Dauer.

Doch ist der letzte Gang,
nach Hause gehen dann,
so bleibt er wie ein Bann,
als Heimweg und Anfang.

Seeleninkarnationen

Verkörperung von Seelen,
heißt nicht nur, sie zu zählen,
wie oft sie sich gehäutet,
ihr Leben wurd' erbeutet.
Nein, es ist auch die Frage,
wie oft sie kamen vage,
um sich nur auszurichten,
weil etwas tat sie richten.
Weil kommen sie zum Fleische,
dann gibt es ein Gekreische,
als erster Schrei vom Leben,
der Anfang ging daneben,
doch merkt, dass nur ein Reiner,
dem seine Seele feiner
und fühlt den Seelenstand
in sich, ganz ohne Hand.
Wenn Seelen kamen oft,
dann haben sie gehofft,
es würde ihn' nun reichen,
ihr Karma bald sich streichen.
Doch weil sie immer neu -
geboren ganz getreu,
sind sie sich nicht im Klaren,
man kann kein Karma sparen.

Seelenforschung

Die Seelen haben Ahnen,
drum kennst du ihre Namen,
kannst du sie gut benennen
und besser auch so kennen.

Doch viele kennen nicht
die Tiefe dieser Sicht,
und daher ist den Toten
zu sprechen drum verboten.

Doch forsche deine Ahnen,
so will ich dich auch warnen,
denn fühlst du ihre Worte,
so öffnest du die Pforte.

Und so, mit ihn' verbunden,
da wird viel Leid sich stunden,
dass du so hast getragen
und klären off'ne Fragen.

Alte Seelen

Sie kamen oft und waren hier -
und manchmal waren sie auch wir,
so wandelten sie um zu lernen,
ihr schlechtes ich - noch zu entfernen.

Als alte Seele war man weise,
doch manchmal auch auf Durchreise,
da kam es unglücksvoll zu Pannen -
drum tat man Seelen lang verbannen.

Doch mit der Zeit und allen Wunden,
da war'n die Seelen sehr geschunden
und nur als Strafe noch einmal,
da lernten sie das Abendmahl.

Junge Seelen

Die Vielzahl junger Stämme,
sind auf Erden hier in Klemme,
da sie noch nicht ganz begreifen,
was es heißt, hier gut zu reifen.

So sind sie am Suchen, Finden,
sich mit Falschem am Verbinden,
und dann später doch zu merken,
dass dies tat ihr Leid verstärken.

Junge Seelen sind in Nöten,
wie die Alten uns das flöten,
weil sie vieles missverstanden
und so schufen ihre Schanden.

Weil sie meinen es zu wissen
und dabei sind oft verbissen,
tappen sie in große Fallen,
bis am Ende sie es schnallen.

Kinderseelen

Zerbrechlich vom Gewand
und Hülle ist gesandt,
die kleinen Kinderseelen,
weil Leid tut ihnen fehlen.

Wir müssen sie beschützen,
sie können allen nützen,
da sie das Licht der Reinen
stark haben, diese Kleinen.

Niemals darf es vergehen,
das Glück der Kinder stehen,
sie bringen uns das Gute
aus ihrem Seelenblute.

Das tote Kind

Du kleines Wesen frisch gekommen,
dein Lächeln war uns alle Wonnen,
du warst des Glückes Sonnenschein,
dein Herz, es war so frisch und rein.

Du bist uns einfach weggenommen,
wir sind vom Schmerzen wie benommen
und unser Traum, du würd'st noch leben,
der gibt uns Hoffnung, lässt uns Schweben.

Doch wissen wir in uns genau,
dein Strahlen, ist durch Tod ganz grau
und deine kleinen zarten Hände,
sie sind nun kalt und wir am Ende.

So bleiben uns nur uns're Tränen,
wir sind gebrochen und ersehnen
uns eine Zeit nicht mehr mit Leid,
ganz ohne Schmerz und Traurigkeit.

Seelenbund

Es gibt den Bund auf dieser Welt
der allen treuen Seelen hält,
und wenn du dich zu ihm bekennst,
du niemals seinen Namen nennst.

Weil Treue ist dir auferlegen,
auf allen deine Seelenwegen,
und Schweigen, um dem Bund zu nützen,
sein Seelenwerk immer zu stützen.

Du weißt genau, was dich verpflichtet,
welch' Seelentum dich hat belichtet,
das dir von Innen schenkt den Segen,
drum solltest du stets Treue pflegen.

Steinseelen

Die Seele ist in Steinen -
man würde das nicht meinen,
doch alle Steine weinen,
tut es auch nicht so scheinen.

Weil Steine nur da liegen,
man kann sie auch abwiegen,
doch wenn wir sie betrachten,
sie meistens darauf achten.

So ist der Wert von Steinen,
doch nur bei Edelsteinen,
von Kennern anerkannt,
bei einem Diamant.

Doch es sind alles Steine,
mit Seele, die ich meine,
die Menschen unterstützen,
drum sollten wir sie schützen.

Baumseelen

Im Wald, wo Bäume steh'n,
da sind sie unbelastet,
wo manche Winde weh'n,
man selten sie antastet.

Doch wenn der Mensch erscheint,
im Wald, in ihren Nähen,
wo manches Pflänzchen keimt,
kann Stress für sie entstehen.

Die Bäume können fühlen,
weil sie die Seele haben,
wie Menschen sich abkühlen,
welch' Last sie dabei tragen.

Und so vom Seelenfeld,
mit einem Mensch kontakten,
dass dieser was erhält,
von ihren Seelenfakten.

Pflanzenseelen

In allen Teilen sind Gedanken,
sie leben und sie schwanken,
drum ist die Seele auch in ihnen,
in Pflanzen, die uns dienen.

Doch wie geh'n wir mit ihnen um?
Wir treten, schneiden auf ihn' 'rum
und danken ihnen doch nicht einmal,
und schneiden sie brutal, auch kahl.

Doch reden ihre Seelen oft
mit uns und das ganz unverhofft.
Sie sind sehr weise ohne Worte
und leben nicht nur am Tatorte.

Was können wir von ihnen lernen?
Wir sollten uns niemals entfernen
von Pflanzen und sie stolz behandeln,
so können sie die Welt umwandeln.

Tierseelen

Tiere sind beseelt,
drum sei es hier erzählt.
Sie haben mehr als Sinne
in ihrem Körper drinne'.
In ihrem Seelenstamm,
da liegt ihr eig'ner Bann.
Sofern euch das dann reicht,
die Seele dann angleicht
an ihre mit der euren,
das kann euch sehr erfreuen.

Glaubensfragen

So viele Seelen glauben,
ihr Glauben würd' was taugen,
doch jede Einsicht bringt,
dass was als Glaube ringt
ist nur 'ne Weltansicht,
und stimmt so meistens nicht.

Weil aller Glauben birgt,
dass er nur dann auch wirkt,
wenn eine Seele denkt,
dass es ihr Hoffnung schenkt,
drum bleibt der Seelenglaube,
ein Freiflug einer Taube.

Der Tod, er kommt in Serie

Der Tod, er kommt in Serie,
als Wahrheit der Materie
und holt sich Menschenseelen
in Mengen, um zu zählen.

So holt er Menschenmengen
und tut sein Werk einzwängen,
um sich manch' Weg zu sparen,
zum Sterben raus zu fahren.

Weil jeder Tote ist verbunden
auf seinem Sterbeweg in Runden,
weil seine Lebensstränge enden,
wenn viele gleiche auch so senden.

Und so erkennt man jeden Tod,
der sich in Vielzahl schon androht,
an diesem alten Regelsatz -
im Totenreich ist wieder Platz.

Von der Hölle gesandt

Vom Tiefenbrand der Unterwelt,
da komm' ich, bin euch zugestellt!
Um euch zu warnen vor den Folgen,
wenn euer Streben ist nicht golden.

Ihr seht mich elendig verarmt,
doch seit ihr mir hier wohl umarmt,
weil wir uns gleichen mehr als sonst,
die Info ist drum nicht umsonst.

Kommt zu mir! Lauscht und höret zu,
weil bald schon kommt zu euch im Nu,
der Fürst der Hölle euch zu holen,
ihr werdet unten auch verkohlen.

Die Zeit, sie endet mit dem Schlag,
den niemand auf der Welt gern' mag,
und schließt den Kreis, um zu beenden,
was eure Taten war'n am Senden.

So geh'n wir alle nun zusammen
in unser Feuer, uns're Flammen,
die wir erhitzten uns zur Freude,
denn jede Seele war stets Zeuge.

Neue Ordnung

In wirren Zeiten ohne halt
und ohne Rast und Ruhestätte,
sucht sich die Seele einen Spalt,
weil sie es gerne freundlich hätte.
Und legt die schlimmen Themen ab
in ei'm Versteck, um sie zu bannen,
da sie sonst wird von Innen schlapp,
sie tut sich sonst total verspannen.

Die neue Ordnung ist Betrug
und macht uns dauerkrank,
es ist für alle schon genug,
die Nerven liegen blank.
Wohl dem, der Kräfte sammeln kann
und sich dem noch entzieht,
der ist dann etwas später dran,
weil jede Seele flieht.
Die Lenkung wird so ganz verstellt,
man ist nicht mehr bei Sinnen,
das Seelenwohl wir abgestellt,
im Außen, wie im Innen.

Die Seelenlosen

Lebende Leichen uns auch umgeben,
sie sind nicht da, sind nicht am Leben,
doch ihre Körper sind existent,
so wie man das dann noch so nennt.

Wesen, leblose Seelen-Gestalten
sind lose Hüllen, die nichts festhalten,
sie sind mechanisch ohne Verhalten,
jeder kann sie einfach ausschalten.

Ohne die Seele fehlt ihn' der Sinn,
weil sie nie fragen, wo geht es hin,
sie können sterben ohne Vergessen,
weil sie nichts fühlen, Seelen ermessen.

Massensterben

Immer wenn die Massen sterben,
tut die Zukunft gar nichts erben,
weil nichts bleibt von all den Massen,
ganz egal von welchen Rassen.

Schicksal ist dies alles nicht,
es ist nur des Bösen Pflicht,
will das Gute so abtöten
wie die Spatzen es uns flöten.

Doch im Ganzen geht dies nie,
weil der Mensch, das Federvieh,
nur vom Schicksal ist bestimmt,
weil die Schöpfung immer stimmt.

Das Jüngste Gericht

Das Jüngste Gericht - es tagt,
es hat keinen Menschen gefragt,
es ist totenstill - ohne Laut,
so wartet und hört und auch schaut.

Es schließt alle Dinge nun ab,
die Zeit, die noch bleibt ist nun knapp,
die Rechnung wird nun ganz beglichen,
es wird keinem etwas gestrichen.

Vergebung ist nun fehl am Platz,
das was folgt, ist nur noch ein Satz,
wer falsch seines Lebens was säte,
den büßend man nur noch erspähte.

Seelenfänger

Allen - sei es angemahnt,
ihr seid nun von mir gewarnt,
es gibt viele Seelenfänger
und ich sage es euch strenger,
die euch einfach so umschmeicheln,
mit den Worten richtig streicheln,
um die Seele euch zu stehlen,
bald schon wird sie euch auch fehlen.

Seelenfänger sind gerissen,
haben euch schon oft beschissen,
weil ihr mögt sie immer noch,
nun, das ändert sich wohl doch,
denn wenn ihr die Wahrheit kennt,
ganz egal wie lang verpennt,
weil sie alle Seelen fressen,
lecker kauen und aufessen.

Todeskräfte

Todeskräfte kämpfen stark,
ganz egal, wer das auch mag,
um das Leben wegzunehmen,
um den Atem wegzuheben.

Todeskräfte sind der Tod,
haben uns daher bedroht,
weil sie wollen uns're Seele,
schnüren uns schon uns're Kehle.

Todeskräfte sind schon immer
allgemein dabei Gewinner,
Seelen massenhaft zu stehlen,
drum muss ich euch das erzählen.

Todeskräfte geh'n von dannen,
wenn wir uns dabei entspannen,
ihnen nie ein' Hauch zu geben,
von dem eig'nem Wert am Leben.

Die Schrecken des Todes

Die Schrecken vom Tod
sind oft angedroht,
vor allen den Kranken,
sie taten nie danken.

Drum Meckern und Maulen,
das hilft ihnen nimmer,
vor Angst nur 'rum jaulen
macht alles noch schlimmer.

Der Tod, er schockiert,
weil steht er vor dir,
dann ist es passiert,
du bist nicht mehr hier.

Energieraub

Der Mensch, er stirbt als Staub,
doch vorher kommt sein Raub
der Kräfte, seiner Seele,
durch Diebstahl und Befehle.

Die Räuber sind drum alle
und fordern in dem Falle
sein Lebensfeld zu stehlen,
die Energie zu zählen.

So lebt der Mensch verhalten,
kann seine Kraft schlecht halten
und stirbt ganz ohne Kräfte,
durch zu viel Falschgeschäfte.

Das Schlimmste

Das Schlimmste, was den Tod ausmacht,
nicht mehr zu reden, wie gedacht,
den Menschen sich frei mitzuteilen,
man soll' sich vorher drum beeilen
vor seinem Tod noch alles klären,
was man tut geistig noch begehren.

Denn wenn noch etwas offen bleibt,
dann ist's der Tod, der uns vorschreibt,
dass wir nicht mehr was sagen dürfen,
so sterben wir meist mit Vorwürfen,
und weil wir nichts mehr ändern können,
so unser'n Tod uns dann missgönnen.

Lebensversicherung

Versicherungen abzuschließen,
da kann man sich auch schnell erschießen,
ist oft vergebens, denn bei Tode,
da endet diese Episode.

Und alles, was man eingezahlt,
man wird am Ende doch geprahlt,
das ist für Erben ein Verlust,
drum seid euch dessen stets bewusst.

Weil keine Seele ist mit Geld
gerecht am Ende aufgestellt,
und aller Tod wohl gut vergütet,
weil er sein Dasein nicht verhütet.

So bleibt das Leben unversichert,
weil Prämien hierfür nur gekichert,
sich lustig machen beim Auszahlen,
weil sie am Ende Leben stahlen.

Gespensterseelen

Gespenster, sind sie echt?
Gespenster, sind sie schlecht?

Gespenster sind immer gewesen,
das solltest du nun richtig lesen,
sie sind tote, magische Wesen,
egal was du glaubst, falsche Thesen.

Gespenster sind öfters zu finden,
doch seh'n wir sie nicht wie die Blinden,
in Räumen und an schlechten Orten,
da spukten sie schon und rumorten.

Gespenster, sie haben auch Seelen,
doch tat man den meisten sie stehlen,
so wandern sie hier noch auf Erden
und können nun selber nicht sterben.

Gespenster, sie möchten uns treffen,
drum tut uns das alle betreffen,
doch selten kann jemand sie sehen,
auch wenn sie direkt vor uns stehen.

Gespenster, sie flüstern uns zu,
drum warn' ich euch, lasst sie in Ruh',
sie sind die Gefahr für uns Schwachen,
versucht nicht Kontakte zu machen.

Die Todesformel

Das Einmaleins zum Tode
ist nur und bleibt Methode,
für den, der rechnen kann,
so fängt sein Leben an.

So wissend um den Tag,
den nur der Tod wohl mag,
kann dieser gut sich richten,
sein Ende selber sichten.

Und alles, was er plant
noch vorher gut anbahnt,
kann er so alles schaffen,
bevor er tut erschlaffen.

Die Todesformel bleibt,
dein Leben, was es schreibt,
drum schreibe mit Bedacht,
dann stirbst du wie gemacht.

Seelenstreit

Es stritten sich zwei Seelen,
es würde eine stehlen,
doch welches es wohl wäre,
das ging ihn' an die Ehre.

Die Seelen war'n verbissen,
das musst du daher wissen,
weil beide sich drum stritten,
es ging auch um die Sitten.

Doch sah man ganz genau,
dass eine Seele schlau
sich bei dem Streit verriet,
weil sie die Wahrheit mied.

So wurde sie entblößt,
der Fall war nun gelöst
die Seele wurd' verband,
vom guten Seelenland.

Und dieser Streit erzählt,
genau drum ausgewählt,
dass du ihr Seelenheil
erkennst, es ist nicht geil.

Opferseelen

Es mag vollkommen grausam sein,
doch ist das Leben auch gemein,
dass Seelen, die als Opfergaben
man sterben lies als frühe Knaben.

Durch Unfall oder böse Taten,
ich schweige nun zu diesen Daten,
sind Opfer nur die reinen Seelen,
drum tut man ihnen diese stehlen.

Die armen Seelen zu beklagen,
wir sollten doch nicht so verzagen,
ist wichtig, aber weil sie starben,
so mussten sie ihr Schicksal tragen.

Seelentief

In einer Grube - in der Tiefe,
ich heute Nacht alleine schliefe,
so scheint mir heut' mein Seelentief,
weil nur ein Schmerz mich traurig rief.

Weil du bist von mir fort geflogen,
mein Geist hierum macht einen Bogen
und doch komm' ich zu dem Gedanken,
dass ich in Trauer will dir Danken.

Du fehlst mir und mein Herz ist schwer
und alles weint, setzt sich zu wehr,
in mir klafft eine Riesen-Lücke,
in meinen Träumen ich dich drücke.

Und jede Nacht und jeder Morgen,
erscheint mir trostlos mit Akkorden,
mit einer Trauermelodie -
lebst weiter nur - in Fantasie.

Seelentränen

Je mehr sich eine Seele quält,
je schwerer sie ihr Ziel verfehlt,
so sehr ist sie uneins, gestört
und wird im schlimmsten Fall zerstört.

Nur Tränen kühlen ihre Wunden,
doch ist die Hoffnung, sie gebunden,
dass sie dies Leid hat zu ertragen,
es bleiben ihr so immer Narben.

Doch Seelentränen müssen sein,
die Seele lernt nicht von allein,
nur aus der Not und ihrem Pein,
da werden Lebenslinien rein.

Die Trauer

Der Tod bringt Trauer,
denn er ist das Ende,
so trennt uns seine Mauer
und auch seine Wände,
doch spürt man seine Hände,
so er ist er kalt am Totenhemde.

Der Tod bringt manche Träne,
da er so schonungslos erscheint
und er vollendet alle Pläne,
so haben wir zum Schluss geweint.
Es bleibt so nichts, was er gewesen,
und jede Hülle wird verwesen.

Trauerwege

Jeder Mensch spürt in sich Trauer
und hat diesen Schmerz in sich,
doch wenn dieser ist auf Dauer
immer zu als Herzensstich.
Dann ist alles ihm versauert,
weil sein Herz nicht lassen kann,
und er immer wieder trauert,
bleibt er weiter unter Zwang.

Doch die Wege sind verschieden
und nicht jeder trauert lang,
weil sein Herz hat sich entschieden,
dass sein Schmerz nicht hegt den Drang,
und die Zeit heilt seine Wunden,
die so bitter war'n gewesen,
dass Gedanken losgebunden,
endlich können jetzt verwesen.

Ein Trost

Ein Trost ist nie ein großer Bringer,
doch ist der Schmerz in uns ein Ringer,
der sich ermächtigt schlimm zu sein,
so gehen wir ihm auf den Leim.

Denn Trost erfahren tut uns gut,
es schenkt uns manchen Lebensmut,
doch stark zu sein, dem Schmerz zu trotzen,
ist auch ein Weg sich selbst zu strotzen.

Doch viele Menschen sind zu schwach,
weil ihren Seelen fehlt dreifach
ein Schutz sich selber aufzurichten,
ihn' fehlen hierfür die Einsichten.

Die Zeit heilt alle Wunden

Man sagt, die Zeit heilt Wunden,
man wartet voller Leid,
doch kann ich es bekunden,
der Schmerz geht nicht mit Zeit.

Man sagt, es geht doch weiter,
die Welt dreht sich auch so,
doch wird die Welt nicht heiter,
allein macht sie nicht froh.

Man sagt, man kann verstehen,
das dieser Mensch uns fehlt,
doch Schmerz kann nicht vergehen
weil man den Schmerz nicht wählt.

Trauer Vers

Ein kleiner Vers vertreibt die Trauer,
drum lausche hin und hör' genauer,
was auch dein Herz zerbrochen hat,
dein' Seelenpein hat dies nun satt.

Der kleine Vers kann mit dir plaudern,
ein Lächeln auf dein Mund herzaubern
und alles was dich runter schiebt,
das löscht der Vers, weil er dich liebt.

Denn alle Trauerseelen weinen,
drum tu' ich lustig für euch reimen,
dass euch das Verschen lustig macht,
der Bauchspeck hat gut mitgelacht.

Begraben

Wir haben dich begraben,
dein Leib liegt in den Erden,
es bleiben tausend Fragen,
was wird aus uns nun werden.

So ohne dich zu leben,
das scheint ganz ohne Sinn,
doch wird die Antwort geben
die Schöpfung ohne hin.

Wir können noch nicht lassen
dass unsere Seele brennt,
wir wollen dich anfassen
und nehmen was uns trennt.

Doch bis ein jeder Morgen,
dein Bild verblassen tut,
da möchten wir uns borgen,
dass unser Wehmut ruht.

Im Grab

Die Dunkelheit ist auszuhalten,
man tat uns uns're Hände falten,
so liegen wir in einer Kiste,
im Grab notiert auf einer Liste.

Und um uns da ist nichts als Erde
und mancher Stein und manche Scherbe.
Die Ruhe herrscht von allen Seiten,
wir merken nichts von all den Zeiten.

Und selten kommt ein Gast vorbei
und hat 'nen Blumenstrauß dabei,
doch das, das interessiert uns nicht,
für uns im Grab ist einfach Schicht.

Urne

In einer Urne Asche,
der Tot ist eine Masche,
bist du nur noch ein Rest,
den du hier übrig lässt.

Die Urne, sie ist schwer,
doch warst du doch viel mehr,
als nur ein bisschen Staub,
den man bei Öffnen schaut.

So bleibt uns nur sehr wenig
von dir, doch sind wir selig,
wenn wir dein Bild betrachten,
das wir von dir einst machten.

Ein starker Tod

So wie ein Blitz da traf es ihn,
er musste alles lassen
und ungewollt vom Leben flieh'n,
wir konnten es nicht fassen.

Sein Tod war stark, so wie auch er,
doch musste er vergehen,
er hatte keine Zeit zur Wehr,
so half ihm auch kein Flehen.

Er war ein Fels an Tapferkeit,
so wie wir ihn nur kannten
und hatte Frohsinn, Heiterkeit,
so wie wir's immer nannten.

Du fehlst uns allen sowieso
und das tut Schmerz bereiten,
doch weil du warst, so sind wir froh,
wir danken für die Zeiten.

Ein Herz und eine Seele

Ein Herz und eine Seele,
die mochten sich gar sehr,
drum ich es euch erzähle
und das auch noch viel mehr.

Doch als man sie dann trennte,
da wurden sie ganz schwer,
das Herz, dabei es flehmte,
die Seele wurde leer.

So wurd' das Herz gebrochen,
in Kummer und in Leid,
trotzdem es war versprochen,
die Seele zog dann weit.

Und nun versuchen beide,
sich wieder neu zu finden,
weil aufgetrennt im Leide,
sie beide so entschwinden.

Seelenverwandt

Wie schön könnt's Seelenleben sein,
trifft eine Seele die verwandt
'ne and're Seele die passt fein
und schließt so ab ihr Seelenband.

Wie schön könnt' es doch sein perfekt
und alles wäre eine Wonne,
doch ist Verwandtschaft gut versteckt
und dieser Wunsch für Fromme.

Weil Seelen sich im falschen Strom
oft finden und verführen,
so fehlt doch oft die Emotion,
nur gleiches kann berühren.

Und alle Wünsche schein' verdammt,
was würden wir drum geben,
wenn nicht die Hoffnung wär' verbrannt,
die Seele könnt' sich legen.

Seelenfindung

Der Seelensinn ist seine Bindung,
so steht im Vordergrund die Findung,
verwandter guter Seelenstämme,
so bringt dies Seelen in die Klemme.

Weil bis gefunden wird die Seele,
die ich uns allen gern' empfehle,
bleibt seine Suche hart und steinig,
bis jenes Seelenstück wird einig.

Doch passt die Seele ganz genau,
bei einem Mann, bei einer Frau,
so ist das Seelenreich erfreut,
weil keiner hat dies je bereut.

Zwei Seelen

Zwei Seelen stehen eng zusammen
und haben sich so furchtbar lieb,
weil ihre Liebe steht in Flammen,
doch leider folgt ein Trennungshieb.

Denn eine ist nun fortgegangen
und kehrt nie wieder mehr zurück,
sie starb und ist für sich vergangen
und lässt der and'ren ihr Unglück.

Die zweite Seele steht in Trauer
und weint so viele Tränenmeere,
nun wird ihr Sein dadurch viel rauer,
der Tod, er kam ihr in die Quere.

Die Jahre ziehen und vergehen,
und bleiben doch nicht in sich stehen,
doch um Erinn'rung zu sehen,
da muss die Seele in sich gehen.

Seelenfrieden

Nur immer ständig weinen
ist traurig und verkehrt.
Viel besser ist's im Reinen
zu sein, das ist bewährt.

Sich ganz bedrückt zu geben
bringt Kummer unentwegt,
das ist nicht gut im Leben,
wenn man sein Herz hinlegt.

Drum besser ist's zu ruhen
und Kräfte zu bewahren,
was wir zu wenig tuen,
das sei uns stets im Klaren.

Die Seele braucht den Halt
und Frieden um zu wachsen,
doch hört sie dann Gewalt,
dann kann sie sich verknacksen.

So kostbar ist die Seele
in uns gibt es nur Eine,
sie hasst so das Gequäle,
drum halte sie auch reine.

Seelenfragen

Alle Seelen wollen wissen,
warum sind sie stumm und leise,
stehen hinter den Kulissen,
leben so auf diese Weise.

Alle Seelen suchen sich,
sind ja nicht von einem Stamme,
doch die Frage gleicht's dem Ich,
ist bedeutsam von dem Range.

Alle Seelen finden's schlimm,
warum ist die Seelenwelt
nur die Suche ohne Sinn,
ihnen so dahingestellt.

Bis zum Ende ihrer Fügung,
sind die Lasten immer da,
bringen Leid und auch Vergnügen,
so verbleibt ihr Inventar.

Seelenstücke

Aus vielen Grundfacetten
und Formen und Paletten,
da malt die Seele Farben,
dir wir so gerne haben.

Doch sie tut dieses nur,
bist du erholt in Kur
und frei von Stressgedanken,
so kannst du dich auftanken.

Weil deine Seele halt,
kein Stress braucht und Gewalt
und Herzen welche kalt,
erst dann formt sie Gestalt.

Drum bleibe Treu der ihren,
sonst kannst du sie verlieren,
dein Herz es kann erfrieren,
wenn du zu viel tust gieren.

Seelenkern

Verwelkt und seine Zeit verloren,
so ist der Seelenkern gestürzt,
kein Mitgefühl in den Sensoren,
weil seine Hülle ist verkürzt
und nimmt sich was noch ist zu haben,
was äußerlich zu greifen ist,
doch kann sein Schicksal nicht erlaben,
weil sich das Ende in ihn frisst.

Verbleibt ein Seelenkern alleine,
so ist er trotzdem nicht für sich,
sein Wandel ist durch die Gemeinde,
weil nur so bildet sich ein Ich.
Und wird erst so das große Ganze,
das Werk der einen Seelenwelt
und bildet endlich sich im Glanze,
weil nur so wächst die Frucht im Feld.

Seelen blühen

Seelen blühen und vergehen,
doch die Zeit bleibt niemals stehen,
wenn die Blätter Knospen tragen
und die Seele kann rausragen,
dann erst kann ihr Leib sich wagen
und sich spüren im Behagen.

Seelen blühen wenn die Wärme
ihrer eig'nen Seelenkerne,
sich nun öffnen um zu lernen
und das hat das Wachstum gerne,
dass das neue Leben glüht,
jede Seele erst aufblüht.

Stille Seele

Eine Seele zu beschreiben,
nur ihr Wesen und ihr Treiben,
ja, das will ich hier versuchen,
ohne diese zu verfluchen.

Was die Seele so mitnimmt,
ihre Stimmung auch bestimmt,
es sind Ängste und auch Leiden,
weil sie lernt nur aus den Beiden.

Doch aus Stille wird sie wachsen
und sie wird dabei erwachsen,
dass ihr Licht sich endlich weitet,
ihren Schein auf uns ausbreitet.

So sind stille Seelen heilig
und sie können uns anteilig,
an dem Glück, das ihn' beschieden,
innerlich auch mit Befrieden.

Denn der Klang der Ruhe selbst,
den du hörst und den du hältst,
dafür sollst du Seelen danken,
weil Legenden sich drum ranken.

Balsam der Seele

Gestreichelt und verwöhnt,
hat man sich dran gewöhnt,
der Seele gut zu tun
so kann sie mal ausruh'n.

Als Balsam ist drum gut,
was lindert ihre Wut,
was hindert Hass zu fühlen,
so kann sie dann abkühlen.

Die Seele braucht die Pause,
doch ist sie ein Banause,
weil sie zu viel reinnimmt,
was einfach so nicht stimmt.

So muss die Seele heilen
und nicht sich nur beeilen,
den Stress immer zu spüren
und Schlechtes anzurühren.

Traumseelen

Im Traum trifft man auch Seelen,
man muss mit Vorsicht wählen,
die es nicht gut so meinen,
mit sich sind nicht im Reinen.

Drum jede der Visionen
sich manchmal gar nicht lohnen,
sie können sein gefährlich
und sind dabei nicht ehrlich.

Denn träumerische Seelen,
die träumen auf Kanälen
auf denen sehr viel bunt
erscheint und ist doch Schund.

Seelendarm

Die Seele hat auch ihren Sitz
nun mach' die Ohren spitz,
im Darm, dort wo sie das zersetzt,
das was als Rest blieb, bis zuletzt.

So ist der Darm ein Endausscheider
und wird beschimpft oft derbe leider,
doch weil er eine Seele hat,
da ist er die Beschimpfung satt.

Denn er ist einfach sehr sensibel
und macht sein Werk doch sehr penibel,
auch wenn am Ende braune Mengen,
aus seiner Öffnung nur rausdrängen.

Sterbehilfe

Wenn alle Qual zur Last geworden,
dann kriegt ein Mensch dafür kein Orden,
dass er hier war und fleißig diente
und doch am End' die Qual verdiente.

Weil wer nicht sterben kann und wollte
und innerlich darüber grollte,
da nur sein Sinnen weg zu gehen,
ihm doch nicht half mit seinem Flehen,
der bleibt verzweifelt und getrieben
und ist hier länger noch geblieben.

So bleibt die Sterbehilfe jedem,
ich möcht' hier keinen Überreden,
wer dies als letzten Strohhalm sieht
und glaubt, dies wär' sein Todesschmied.

Doch ehrlich, nur der Tod holt ihn,
nur er kann alle Fäden zieh'n
und nicht die Hilfe, die er brauchte,
in seinem letzten Atmen hauchte.

Walhalla

Der letzte Ruheort,
er ist und bleibt nur dort,
wo liegen die Fragmente,
das was der Tod so trennte.

Doch Krieger, die gefallen,
sie wandern in die Hallen,
dort wo sie sind in Ehren,
wo alle gerne wären.

Walhalla heißt der Ort,
der sich ins Herzen bohrt,
wer starb bei einer Schlacht,
der wurd' hier hingebracht.

Und alle die mal weinten,
vom Krieg den Abschied meinten,
die sollten daran denken,
den Kriegern still gedenken.

Vollendete Seelen

Vollkommen und ohne Defekt
da wurden wir niemals erweckt.
Was gestern uns so schon geschah,
das ist uns noch heute nicht klar.

Weil jeder im Seelenstamm meint,
dass er durch Erfahrung nie weint,
so wird uns're Handlung nicht klug,
die Seele, sie merkt den Betrug.

Vollendete Seelen sind selten,
egal wer sie kennt, welche Welten,
sie sind sich des Wissens bewusst
und leben ihr Sein pur mit Lust.

Wer einmal das Glück für sich fand,
den Seelenmensch traf, hat erkannt,
vollendet so jede Erblast
und war froh, dass er ihm gut passt.

Die Vollendung

Der Glaube, dass noch etwas fehlt,
der hat den Menschen stets gequält,
weil er sich nicht entscheiden kann,
hat er's vollbracht, lebt er noch lang.

So bleibt er bis zum Schluss getrieben,
denn Rest der Tage, die ihm blieben,
um dann doch die Erkenntnis findet,
sich nicht mehr an sein Leben bindet.

Wenn er dann los gelassen hat -
wird seine Seele auch ganz schlapp
und spürt nun die Vollendungstat,
es folgt so bald sein letzter Pfad.

Unvergessen

Es bleibt bekannt, wer einst berühmt,
das sag ich gern' unverblümt,
weil wen zu Lebzeit' niemand kannte,
nach seinem Tod ja auch nicht nannte.

So unvergessen bleiben jene,
die hatten eine Glückessträhne,
dass man ihn' Ehre hat gezollt,
weil ihre Namen war'n wie Gold.

Wer nicht vor'm Tod sich hat verewigt,
der war und ist drum schon erledigt,
weil hinterher bleibt unterm Strich,
nur was dem Mensch mal gut entwich.

Nachruf

Den Nachruf schreibt man besser selber,
weil was dann steht, sind oft Falschmelder,
denn es wird meistens viel vergessen,
man wird am Schlechten oft gemessen.

Ein Nachruf ist drum selten richtig
und was man liebte wird unwichtig,
nur uns're Arbeit wird erwähnt,
manch' Leser hat drum schnell gegähnt.

So ist der Text vom eig'nem Tod,
ein schlechter Witz, der jedem droht,
wenn dieser selber nicht geschrieben,
ist nur ein Nachruf ihm geblieben.

Der besiegte Tod

Der Tod, er wird besiegt
egal wie krank man liegt
und es gibt noch mehr Leben,
so wird die Technik eben.

Doch aller Fortschritt birgt,
dass man die Lust verwirkt
und sterben Luxus wird,
weil man sich hat geirrt.

Weil Leben ohne Sterben
tut negativ abfärben
und ohne einen Tod,
die Langweile droht.

Auferstehung

Ob Auferstehung geht
den Tod von uns verweht,
das ist des Menschen Frage,
doch ist's und bleibt's 'ne Sage.

Weil Auferstehung meint,
das nach dem Tod es scheint,
das wir noch weiter leben
mit einem Blitz und Beben.

Doch Auferstehung geht
nur ist es meist zu spät,
den Leib sich warm zu halten,
der Tod tut ihn erkalten.

So bleibt die Auferstehung,
nur einfach die Vorsehung,
die nur der Weise bindet,
mit sehr viel Glück sie findet.

Anfang und Ende

Eins ist immer gleich entstehend,
weil es haucht dabei verwehend,
sich ein Wachstum einer Zelle,
stammt dabei von einer Quelle
und ist Anfang, erstes Glied,
dass Entstehung dabei sieht.

Wenn der Aufbau ist verschlossen,
seine Schöpfung ganz gegossen,
dann beginnt auch sein Zerfall,
in sich selbst und überall
und es naht in sich das Ende,
für den Anfang, seiner Wende.

SEELENWERKE

Inhaltsverzeichnis

Weitere lyrische Bände von Stefan Reich

„MACHWERK" (1984-2020)
„Das Evangelium vom Reich -
Sprache der Schöpfung (2019)
„GEHEIMWERKE" (2019)
„Einen Fehler finden –
Neue Mensch-Gedichte" (2019)
„KINDERWERKE" (2019-20)
„Einen weiteren Fehler finden –
Neue Mensch-Gedichte" (2019-2020)
„WORTREFERENZEN" (1993-2020)
„SATZBAUWERKE" (2020)
„NACHSCHLAGWERK" (2020)
„WORTKRAFTWERKE" (2020)
„GEDICHTEWELTEN -
Die besten 330 Gedichte von Reich
+ 60 Neue Mensch-Gedichte" (2020)
„KÖRPERWERKE" (2021)
„Heilige Werke" (2021)
„WELTENWERK" (2021)